変な人の書いた
買ったら損する本

［銀座日本漢方研究所 創設者］斎藤一人

総合法令

はじめに

この本がおもしろいかどうか
　私にはわからない。
この本が良い本かどうか
　私にはわからない。
ただこの本が〝私だ〟ということだけが
　わかる本だ。

ひとり

はじめに

この本は、若い経営者やこれから社会に出ていこうとする人たち、また、一般の人から集められた質問に答えたものと私が自分で考えたことを話している部分とでできています。

インタビューしている人も質問している人も若い人が多いのでできるだけ若い人にわかりやすいように話したつもりです。

自分が若者と思いこれから社会に出てゆく第一歩のつもりで読んでみるとわかりやすいと思います。

【第一章】大手企業の中小企業への参入について　7
【第二章】不況を乗り越える経営のコツ　11
【第三章】人脈の作り方　17
【第四章】年上社員の使い方、辞めさせ方　21
【第五章】経済動向の読み方
～円・株の有効活用法～　41
【第六章】使い切れないほどのお金を手にすると、
人生観は変わるのか　55
【第七章】斎藤さんの人生観とは　65
【第八章】お金が入ってくる考え方　143

装丁——TAGOSAKUJIMA

第一章

大手企業の中小企業への参入について

今の時代、大手などが商店、中小企業などの仕事に値段を大幅に下げ参入してきていますが、これにはどうやって対応して行けば良いのでしょうか?

本当は、大手と競争して、商店、中小企業が負けるはずはないのです。

なぜかというと大手のほうが、会社やビルもいい場所に持っているし、社員にも余分に給料を払っているのですべての面において経費が余計にかかっているのです。

だから大手に商店、中小企業などが負けるはずはないのです。
ただ大手が出てくると、相手が大きいので負けた気がするのです。
ところがそれは、気持ちの問題だけなのです。
相撲取りと子供が喧嘩しているような気になってしまう。
でも、商いは相撲と同じではないのです。
商いは、経費がかからないほうが勝ちなのです。

第二章

不況を乗り越える経営のコツ

今のこういった不況の時代における経営のコツを教えてください。

今の時代における経営のコツですね。

このコツなんですけれど、私がよく上に立つ人間とか経営者に対して贈る言葉があるんですけれど、いつの時代にも経営にコツというのはないんです。

もし経営にコツがあるとしたら、親は子供に伝えるんですよね。

でも、芸にはコツがあるんですよ。

芸にはコツがあるから、歌舞伎役者とかは、何代目とかがいるんですよ。

経営にコツがあれば誰でも我が子に教えるから、3代目とかでつぶれてしまうということは起こらないんですよ。

でも、3代目とかでなぜつぶれてしまうかというと、経営にコツがないからなんです。

だから、コツがないってことを早くわかるのがコツなんですよ。

で、ただひたすら真剣に、真剣に仕事のことを考える。

寝ても起きても仕事のことを考えて、今の時代にどうやって合わせるかっていうことをいつも考える。

簡単に言えば、ひたすら努力するしかないいんだっていうことなんです。

それが「面白いんだ」ってとらえるしかないんです。

だから、経営にはコツがないんだって早く知ることがコツなんです。

第三章

人脈の作り方

人脈をどうやって作ればよいのでしょうか？

人脈なんていうのは、作ろうとしてはいけないんです。

必要のない人間とダラダラ付き合っていても何の得にもならないんです。

いっぱい人と付き合うことをあたかも財産のように思っている方がいらっしゃいますけど、本当に自分に必要な人間というのは、そんなにはいないのです。

でも、大切な人間、しっかりした人間っていうのはいますよね。そういった人間と深く付き合っていればいいんです。

だから人脈なんていうのは、いらないんです。

ただ、人脈という言葉のどこかに「人に頼ったら何かが出来るのではないか」という気持ちが存在しているんです。

それで、徹底的に自分ひとりでがんばったときに付いてきてくれた人が人脈なんです。

わかりやすいですよね。（笑）

第四章

年上社員の使い方、辞めさせ方

自分より年上の社員をどう使えばよいでしょうか？

社員に年上も、年下もありません。

社長と従業員しかいないんです。

それで、いちいち年なんか気にしてはいられないんです。

だから場合によっては、16才の子だって来たら上手に使わなきゃならない、50才の人だって上手に使わなければならない、70才の人だって上手に扱わなければいけないんです。

で、いちいち「あなたはいくつですか？　私は、いくつです」って気にすることもないんです。

その代わり、人は等しく公平に扱うしかない。

だからいちいち社員の年なんかは、気にしていることはないのです。

それから、使われる人もそうなんです。

使われる人も社長が20才の会社のときもあるんです。40才のときもあるんです、70才の場合もあるんです。

別に使われる人だって社長の年聞いて働くわけにはいかないんです。

だから、そういうことは気にしないほうがいいですよ。

それとですね、よく自分のところの社長は働かないで、俺たちばっかり働かせているなんていうことを言う人がいますが、社長の仕事というのは、給料日に給料払うことなんですよ。

だから給料日に給料さえ持って来ていれば良い社長なんです。で、私はゴルフとかはやりませんが、うちの社長はゴルフばっかりやっているっていう人がいますが、ゴルフをやるのは他の会社の人とゴルフをやりに行って、わざと負けたり色々やっているのかもしれないのです。

お世辞を使ったり、色々なことをしているからこそ仕事を取ってこれるんです。

うちの社長は、遊んでばかりいてイヤだとか言う人がいますが、仕事を全部私が取ってきますって言うんだったら話は別なんですけれども、そうでなきゃいちいちそういうことを言うものではないのです。

働きに来たらさっさと働けばそれでいいんです。

それ以上のことをごちゃごちゃ言うからおかしくなっちゃうんです。

辞めさせたいが、会社に長くいる、現在役員をしているなどの理由で、辞めさせにくい社員をどう処分したらいいのでしょうか？

辞めさせたい社員をどう処分するか。

こういう問題は、うちの会社では起きたことがないんですよ。なぜ起きないかというと、うちの会社は働き者しかいないんです。で、どういうふうにして働き者を作るかというとですね、10人いなくては、出来ない仕事を7人でやるんですよ。

そうするとあまりの忙しさに2人辞めてしまいます。

そうすると10人でやる仕事を5人でやるようになってしまうんです。

そうすると、めちゃくちゃこれは忙しいんですけれど、体がなれてくるとなぜか5人で出来るようになるのです。

で、残った人はもともと働き者だから、働き者というのは働いていれば元気なんです。

で、働き者というのは、休ませていると病気になってしまうんです。

で、怠け者というのは、働かせると病気になってしまうんです。

体質が違うんです。

そうすると5人のむちゃくちゃ働く人間だからもっと忙しくなる

よね。

たとえ話を言うと10人でやる仕事を5人でやると絶対に会社は儲かるようになっているのです。

儲かるし、もっと仕事が増えてくる。

それで、あと何人か雇うと、あまりの働き者に、怠け者は2日か3日でいなくなるんですよ。

それでも残った人は、働き者なんですよ。

そうするとどういうことが起きるかというと働き者しかいない会社だからほっといても働くの。

だから私が観音参り行こうが、日本中旅行に行っていようが、どうして会社が運営されているんですかっていうと働き者しか雇わないからなんです。

働き者だからほおっておいても働くんです。

ところがよその会社っていうのは、会社が9時から始まるとすると社長は8時半から会社にいるとか、6時に会社が終わるとすると社長は6時半まで残っているというのは、見張ってないとやらないからなんです。

ところがうちの会社の人は、働き者しかいないから見張っていなくても働いているんですよ。

だからうっかり私の真似なんかして観音参りや旅行なんかしてると会社が潰れちゃいますよ。

それと私は、人相見だから働き者が見抜けるんです。

でも、他の人は人相見ではないから見抜けないんですよ。

じゃあ、どうしたら人相を見抜けるようになるのかっていうと、それはひどい目に遇えばいい。

で、ひどい目っていうのはどういうことかっていうと、働かないのに能書きばっかり言っている社員などを辞めさせるのにうんと苦労すること。

うんと苦労してくると入社試験の時に「僕、一生懸命働きます」なんて言ってもじーと見ていると働き者か、怠け者かわかるようになる。

だから人間5、6回痛い目に遇うと同じ手はくわなくなる。

だから、人相見はどうやったらなれるんですかっていうと、そんなのひどい目に遇えばすぐになれるんだよ。

暗闇でいつも殴られてると、暗いところに行っただけで、暗闇で殴られる殺気がするんだよ。

人間っていうのは、人生で苦労しているときが人生の勉強をしているの。

人使いで苦労しているときは、人使いの勉強しているの。

だからすべてが勉強なんです。

だから、まず人間の良いのを集める。

例えば織田信長を明智光秀が殺したんだけど、信長がこういう命令を出したからだとか、部下に対して口のきき方が悪かったからだとか色々と言うけれど、主人を殺そうなんていうのはろくな者じゃないんだよ。

だから、織田信長はずーっとああいう性格だけど、信長のことを殺そうとしたのは一人しかいないんですよ。

秀吉だって誰だって誰も殺そうとしていないんだよ。

それは、どういうことかっていうと、能力ばっかしを追求するから、能力があるけど性格の悪い奴が来るんだよ。

我々が集めないといけないのは、能力があって性格が良い社員なんですよ。

最初からそういうふうに思うのが大切なんです。

だから能力があっても性格の悪いのは駄目。

性格は良いけど能力がないのは駄目なんだよ。

だから、そういうのだけを集めればいいいんですよ。

だから少ない人数でいいいんですよ。

だから大社長のところは、なんで10人しかお弟子さんいないんですかってよく聞かれるんだけど、10人いれば十分なんだよ。

その10人がまた10人探せばいいいんだよ。

で、その下がまた10人探せばいいいの。

そういうことでやっていくと辞めさせたい社員というのは、もうとっくに逃げていなくなっているから辞めさせたい奴はいないんですよ。

言いにくいことを、どう社員に伝えれば良いのでしょう？

これに対して言いますと、言いにくいことを言うのが社長の仕事なんです。

だから、言いにくいもクソもないんです。

これが社長の仕事なんです。

「おい、遅刻するなよー！　飯食った後は、ご馳走様って言うんだよー！」とかは、みんな言いたくはないんですよ、そんなことは。

そんなの常識じゃないか、挨拶ぐらい常識だろうって思うんですよ。
だけど、常識がねえんだからしょうがねえんだよ。
ないから言わなきゃならないんですよ。
だから給料払った上に常識まで教えないといけないのが社長業なんです。
だから社長業というのは、立派な仕事なんです。
でも、立派なわりには、お褒めにあずかれないという仕事なんです。
でも、選んだのだからしょうがないんです。
この前も、こういうのがあったんです。
うちで、手に化粧品を塗ったりするキャンペーンってのがあって、特約の社長でうちでもやろうということになったとき、従業員の人がえらく反対したりしてイヤだとかなんとか言って、うちにきてどういうふうに説得しましょうかっていうのがあったんです。

そのときに、私が「ところで給料払っているんでしょう？」って聞いたら、給料払っているんですよって言うんですよ。

給料もらってるんだったら、とっととやるの。

社長がやれって言ったらやるに決まっているの。

給料もらってるのにぶつぶつ言ってやらないなんていうのは、とんでもねえんだよ。

ふざけたこと言ってんじゃないよ。

それがイヤだったら一円だってもらわなければいいんですよ。

金もらって、勤めに行くってことは社長がやれって言ったことをやるんだよ。

それが常識なんだよ。

金もらって、これはイヤですとかあれはイヤですってとんでもないんだよ。

そういうことを知らない人がいるからしっかり教えなきゃいけない。

で、言いにくいことを言わなきゃいけないってもう日頃から言っていなきゃいけないの。

常にこういうことを言ってなきゃいけないんですよ。

だから、常に言っていれば、あらためて言われる人もいないんですよ。

わかりますか。

我慢して、我慢して言うから毒が出ちゃうんですよ。

「お前ら、飯食ったらご馳走様って言うんだぞー！」ってご馳走する前から言っていなくては、いけないんですよ。

それをご馳走してから「お前は、なぜ言わない！」って言うからけんが立つんですよ。

飯食わす10日ぐらい前から「みんな、ご飯食ったら、ご馳走様って言うんだぞー」って。

「誰にご馳走になったって、親にご馳走になったって、ご馳走様って言うんだぞー」っていつも言っていれば、10日も前から言っていれば、飯食ったときぐらいご馳走様って言うもんなの。
それを先に飯食わせちゃうからいけないんですよ。
言ってから飯食わせなきゃ、相手だってわからないんだもん。
わからないことで、怒られるから相手も困っちゃうんです。
ということだよね。
世の中シンプルに出来てるからね。
言いにくいことは、事が起きる前から言っている、これが正しいね。

第五章

経済動向の読み方
～円・株の有効活用法～

円、株などをふくむこれからの経済の読み方を教えてください。

これからの10年間というのは、勝ち負けがはっきりします。

勝つ奴と負ける奴、中間がいないのです。

上中下の中がなくなってしまうということです。

円も乱高下して上がったり、下がったりするから昔のように円を買っていれば必ず儲かるんではない。

才覚がない奴は、円を買おうが何しようが。

円を買って儲かる奴もいれば損する奴もいる。

土地も株もそうなの。
必ず、何をやっても成功する奴と失敗する奴とが非常にはっきりする。
その結果、儲かる奴と儲からない奴が出てくる。
だから後10年間は、経済は回復しないということだよね。
何故かっていうと、これは簡単な定義なんだけど、儲かった奴は絶対に黙っている。
借金されに来るか、税務署が来るか、強盗が来るか……。
ともかく金が儲かったって言って得なことは一つもないんだよ。
だから、儲かった奴はだんまりをこく。
それで、ない奴は泥棒も来ないし金借りに来る奴もいないし。

だから、やたら大騒ぎするんですよ。

そうするとマスコミはどっちにふれるかって言うと、儲かった奴のところに行っても、いや実はどうのこうのと言っちゃってなかなか本当のことを言わないんだよ。

だから取材も盛り上がらないんだよ。

ところが、お金のねえ奴のところに行くとなぜ自分がお金がないか、いかに会社がつぶれたかと、能書をだらだら言うから、必然的に儲からないほう儲からないほうにマスコミが騒いでいく。

その結果、景気が盛り上がらない。

盛り上がらないから景気が回復しない。

で、景気が悪い悪いと言いながらがっちり儲けている人がいるということですよね。

ま、こういうことです。簡単なことです。

「ツイてるって言うといいんだよ。ツイてることが起きるんだよ！」って斎藤さんがよく言われますが、周りにいくら私がそう言っても、周りの人で反対する人がいるんですけどどうしたらいいんでしょう？

これはいつも言うのですが、人には人の修行というのがあるんです。

それで、そういうところにいるのがその人の修行なんです。

それで、お給料頂くってことはそういうことなんです。

金もらうなんていうのは、嫌なことが付きまとっているんですよ。

だからあなたのもらっているお給料は仕事の他にそいつらといるのが、セットでいくらなんです。

セットでいくらだと解釈するしかないんです。

それと、ツイてるって言うとツイてることが起こるんだよって言うのは少数派なんです。

だからあくまでも周りにそうだねって言う人間はほとんどいないと思ってください。

だからそういう人はいませんから、ツイてるって言わないのはあたりまえなんだと。

自分が変わってること言ってるんだと認識してですね、まわりにはそんなのいないんだと。

まれにあったら珍しいぐらいに思っていればいいんですよ。

それで、こいつらというのが給料のうちだというくらいのつもりでいないと自分が疲れてしまう。

精神論っていうのは、自分が苦しむためにやるんじゃないんですよ。

ツイてると言うことによって、自分が苦しんでいるんじゃしょうがないんです。

悟りというのは、自分が幸せになる、自分の心をどうやって落ち着けるかっていうためにやっているんだよ。

ツイてるって言うのもそうでしょう。

どだい自分が少数派なんだと思わなきゃいけないの。

この前も言ったんですけど、うちの特約の人で非常に船井幸雄さんが好きだって言う人がいるんですよ。

ま、そういう系統だから波動とかが好きなんですよ。

良い波動の上にお水を乗せると、お水の味が変わってとかって言うんだよ。

それ人前で言うなよって、それ言っているだけで変人だと思われるから。

それあってるんだよ。

あってるけれど、商人は大多数の意見を言うもんだよ。

少人数派の意見を言っちゃいけないの。

知っていればいいだけなんだよ。
知っていることを全部言えばいいんじゃないんだよ。
知っていることは、知らないふりするの。
で、どうしても言いたいときは、昨日テレビで見たんだけどさー
とか。
波動のいいとこにコップに入れてお水置くとさ、結晶変わっちゃ
うんですってねー。
驚きですよねーとか。
否定的なことを言うと水の味変わっちゃうんですよねーって。
テレビでやる10年前から知っていても、僕は知っていたんです
よって言っちゃいけないの。

特に商人はそういうしゃしゃり出たことしてはいけないんです。

知っていることも知らないふりするの。

そうすれば、穏便なの。

商人はお客さまに物を買って頂くの、誠実な人だなと思ってもらえばいいんだよ。

商人からいちいちものを教わりたいと思ってる人は少ないんだよ。

お客さんていうのは常にそうなんだけど、自分が一番偉くいたいんだよ。

それを物を売りに行ったほかに、あんたよりあたしのほうが偉いんだよってつらされて面白いわけがないんだよ。

会社の上役だってそうなんだよ。

自分が一番物知りのような顔していたいんだよ。

それなのにツイてるって言うといいんですよとか言われると、ムカッとするんだよ。

で、どうしても言うときには昨日テレビでやってたんですけどとか、あたしも驚いたんですとかっていうね言い方をしなきゃいけないんだよ。

で、むやみやたらに敵を作らない。

敵作ったっていいことないんだから。

相手だって長く生きてて自信持ってるんだから、そっとしておけばそれでいいの。

最終的には、人のプライドを傷つけない愛情ですよ。

第六章

使い切れないほどのお金を手にすると、人生観は変わるのか

人が使いきれない位のお金を持つと人生が変わってしまうとよく言いますが斎藤さんはどうですか？　人生観が変わったり、価値観が変わったりしましたか？　斎藤さんにとってお金とは、いったいなんですか？

まず、人が使いきれない位のお金を持つと人生が変わりますかという質問ですが、これは絶対変わります。

何故かっていうと変わらなければおかしいんです。

お金を持っているのに持っていないと思っているとしたらこれは

バカですよね。

で、お金がないのにあると思っている奴、これもバカなんですよ。

たいがいの人は、まともに生きているのだから、お金を持てばお金持ちになるんですよ。

普通なんです。

でも、普通のことを無理に思わないようにしようとかするからくたびれるんです。

だから自分がお金持ちになったときはお金持ちだし、貧乏なときは、ああ貧乏だなーと思っていればいいんです。

それを貧乏人にお金持ちだと思いなさいとか、お金持ちに貧乏だと思いなさいとかってくたびれるんです。

そういうことはしないんです。

自分は中間だなと思えば中間だと思っていればいいんです。

そんなことは、さっさと片付けて仕事しなくちゃいけないんです。

学生は勉強しなきゃいけないし、商人は金儲けしなくちゃいけないんです。

いずれにしろ、今、自分がどんな状況であろうが、常にそうなんだけど、今済んだ試合のことより次の試合なんです。

明日の試合のこと考えなきゃいけないんです。

で、今の結果は、もう今出ちゃっているんです。

で、今日勝ちだろうが、今日負けようが、今日金持っていようが、今日金持ってなかろうが、一番大切なのは、これからの試合なんです。

で、そんなこと考えてるひまはないですから、せっせせっせとやらなくてはいけない。

それと、斎藤さんにとってお金とはなんですか？　っていうと、つねにこれは神様からのご褒美だと思っているんです。

商人は、一生懸命働いて、お金が入ってくるっていうことは世の中のお役にいくらかは立ったんだ。

自分がどれぐらいお役に立っているかっていうことのバロメーターなんです。

だからこれは、非常に大切なものだと思っています。

それと、普通の人もそうですが商人は特にお金がないと生きられないんです。

で、非常にこれは大切な物です。
私にとっては。
それと、意外と多いのが「僕は、お金持っても変わらないんだよ」
とか言うのがいるんだけど。
どっかで変わっているんです。
何かで変わっているんです。
そういうものなのです。
私も変わってないつもりでは、いるんですよ。
昔からたいして生活も変わっていない、何も変わっていないかも
わかんないけど、人間なんか変わるんです。
で、こういうことは、あまり考えないほうがいいです。

これからのこと考えましょう。

――清水：これ、いま質問された方が公務員の方だと思うんですよ。

多分、だからこの方の身になると、公務員だからそんなに給料もらってはないじゃないですか、決まったあれですよね。

たとえば、宝くじとか当たっちゃったんで、どこかにこう女つくっちゃったりとかそういうことを言われているんじゃないかなーと。

ああ、そういう意味ね。

もし、公務員の方で一億円当たったとしますよね。

性格は変わります。

生活態度も。

何か変わります。

もし何も変わらないとしても預金通帳の数字だけは変わります。何か変わります。

だから一億円あるのとないのでは、絶対に変わるんです。

その人その人の性格によっていろいろだと思いますよ。

公務員を辞めて、世界中旅しようって人もいれば。

公務員のままで、このまま内緒でウキウキしていたいんだって人もいますよね。

でもウキウキしてた分だけ変わるよね。

それから、自分はね、恵まれない子を一人ずつ学校行かせてあげるんだって、それだって変わったことだよね。

で、その変わり方というのは、違いますよ。

毎日俺キャバレー行くんだって、それはその人の自由ですから。

別に悪いことじゃないんですよ。

宝くじが当たった物をその人がどう使おうと構わないんです。

でも、変化は必ず起こるんです。

何か変化が起きて、変化が起きないようにってそれは出来ないから、どういう変化が起きるかというのはその人の問題です。

わかりますよね。

ということです。

第七章

斎藤さんの人生観とは

斎藤さんの考える幸せとは、どういうものでしょう？

これは、私がどうしたら幸せと思えるかって、その日によって違うんです。
昨日はこういうことが幸せだったけど、今日はこういうことが幸せだとかって。
みんな同じです。
だから斎藤さんの幸せ観とかっていうのはないです。
これ誰でもそうなんです。

幸せ観って1個じゃないんです。
腹減っているときは飯食えば幸せだし、おしっこしたいときは、
おしっこすれば幸せだし。
それと同じです。

斎藤さんは、人間とは、どういうものだとお考えですか？

私の考えている人間というのは、エゴで欲張りでスケベで、それでいてどこか崇高なところを自分で求めている。

なんとか一歩でも崇高に生きたいなというものですね。

そうじゃないかと私は思っているんですよ。

斎藤さんの考える人生の目的とは

これはですね、人間誰でもそうだけど、本当にエゴでスケベでどうしようもない人間が集まって、いくらかでも人にこう役に立ったねとか、人様に少しでも喜ばれることしたねっていうのが目的なんだと思うんですよ。

で、人間って元々ね、エゴじゃないと生きられないようになっているんですよ。

簡単に言うと強くなければ生きられない、優しくなければ人間じゃない。

これは、昔からこうやって言うけれどそのとおりなんだよね。最初に自分の身を守らなくちゃいけないからエゴが始まっちゃうんだよね。

子孫を増やそうっていうのがあるからどうしたってスケベになっちゃうんだよ。

で、これは人間の構造上そういうものなんだけど、そのなかでどこかで優しく生きたいっていうのがあるんだと思うよ。

だから前半のほうを否定してしまうと苦しくなってしまうし、だから適当にうまくやる。

うまくやらないと苦しくなる。

で、苦しくなると人に厳しいことを言ってしまう。

だからあんまり自分に厳しくなると人にも厳しくなっちゃうの。

だから、適当に自分を甘やかしながら、人にも、まあまあこんなもんで行こうよって。

で、たまに厳しいことを言うんですけれど、それは一つの愛だと思っているのです。

例えば仕事ってどうしてもやらなきゃいけないいじゃない。どうしてもやらなきゃいけないことだから、がんばんなよって言っちゃうの。

そうすると、私流の言い方をすると、会社の悪口言いたくなっちゃう人、部長の悪口言いたくなっちゃう人もいますよね。

でも、言えば言うほどその人が苦しくなってしまう。

言ったからって明日から働きに行かなくていいだけの財力があるのかって、ないから苦しんでるんだよね。

そうすると、私流の言い方になっちゃうと、やくざだってね一宿一飯の恩義って言って一回ご馳走になればこの家に命かけるんだよね。

やくざに出来るんだから俺たちだって1ヶ月も2ヶ月も、2年も3年も世話になったところの悪口言うなよ。

かっこよく生きるしかねえんだよ。

一言ね、上役の悪口なんか言うとかっこ悪いからかっこよく生きようよって励ますんだよね。

で、励まし方が私流の励まし方なだけなの。

それがちょっと厳しく聞こえるかわかんないけど、つらいつらいと言ってもしょうがないからね。

どこで励ますかの問題だと思っているんですよ。

斎藤さんの考える教育とは?

斎藤さんの考える教育とは?　っていうけど、これはもう私は、教育なんてことを言えるような人間じゃないんです。教育なんていうのは、もっと立派な人に聞かなきゃいけないんです。

——清水：多分、これ前のカセットテープの渡り鳥経営ってあるじゃないですか、そのことだと思うんですよね。

それだとしたら渡り鳥経営でもなんでもそうなんですけど、私は教育で言っているんじゃないんです。

助け合いながら競い合う。

競い合いながら励まし合えば、最高の経営なんです。

経営者だから、経営者のつもりで言っているんで、教育は教育者が考えなくてはいけないんです。

みんなで仲良くしながら競い合う、競い合っていい結果が出たらみんなに教え合う。それでまた競い合えばどんどんどんどん伸びてくるんです。

ということですから、だから教育は教育者が考えなければいけないんです。

だから私ので役に立つことがあれば使っていただければ結構です。

私は、経営者だから経営以外のことはわからないんです。

なまじ考えてもろくな意見は出てきません。

精神世界について斎藤さんの意見をきかせてください。

人間誰でもそうだけど、俺たちは、今生きてるんだよ。

仕事だとかでも休みたいだとか言っているのがいるけど、そんなに休みたいなら死んじゃえばいいんだよ。

死んでしまえば、ずーっと寝てられるんだから。

生きている間は、短いの。

この生きている間を、生きてるんだーって感じて生きなきゃしょうがないんだよ。

生きてる間から死んだように生きている奴っているんだよ。
だから、生きてるときは、生きてるって感じで生きるの。
死ぬときは真面目に死ぬんだよ。
生きてるときは、しっかり生きるの。
で、死ぬときはしっかり死ぬの。
しっかり死ねば浮遊霊とかにはならないんだよ。
しっかり死なない奴って、しっかり生きていないんだよ。
しっかり生きてしっかり死ぬ。
二つしかないんだから。
医者がご臨終ですって言ったらとっとと死ねばいいんだよ。
うろうろしてて浮遊霊なんかになっちゃいけないってことだよ。

読書のすすめと出会ったきっかけは？
（読書のすすめとは、一人さん行きつけの本屋さんのことです）

前を通っただけです。（笑）

インターネット時代にまるかんとしてはどういう対応をしていくのですか？

これは簡単です。

まるかんがどうであれ、私はインターネットって出来ないんですよ。

で、出来ないものはやらない。

どんなに時代が進もうが、自分が出来ないということが正しいんですよ。

自分が出来ないことはやらない。

わかりましたか？
得意な奴がやればいいのです。
だからまるかんとしてはですね、インターネットなんていうのは
考えたこともございません。
今はインターネットの時代だとか言って、やる人多いですよね。
その人にはそれがいいんですよ。
私には関係ない。
人間っていうのは、どんな時代が来ようが何しようが、自分の不
得手なことをやってうまくいくことはないんです。
何故かっていうと苦手だから。
苦手なことをやってもうまくは行かないんです。

だから自分が出来ることを考えればいいんです。

みんながインターネットをやっているのに日本で一ヶ所だけインターネットをやらない会社、そういうのも面白いんじゃないだろうか。

インターネットには、愛がないとか心がないとか、うちは直接しゃべらなければ売らないとか、行く道はいっぱいあるんですよ。

で、どれが正しいかは知りませんよ。

どんな時代が来てもみんながそっちに行くなら、俺はこっちに行くっていっても成功はあるんです。

それはもう、行きたい人は行けばいいんです。

行きたくない人は行かなければいい。

いかがでしょう？

どうして観音参りをするようになったのですか？　その御利益にかんしてどう思っていらっしゃるのですか？

私が20才の頃、毎日毎日、本を読んでいたら、歩いてるだけで足がカクッとなっちゃったんですよ。

足が弱っていて歩けなくなっていた。

そのときに元々私はスポーツが苦手ですから、何か運動を出来ないかなって考えたんですよ。

そこでテレビを見ていたら、年寄りのおじいさんとかおばあさんが観音参りをやっていたんで、おじいさん、おばあさんが出来れば、俺も出来るだろうということで秩父の観音参りを最初にやってみたんです。

そうしたら、おじいさん、おばあさんがやるどころじゃなくて、えらい大変でひどい目にあったんです。

だけど空気も良いし、景色も良いし、順番に巡って歩くし、非常に楽しいなーとそれからやみつきになったんです。

神秘性はないでしょう？　これがいいところなんです。

それで、後、どんな御利益があるんですかって言うけど、よく私がいつも観音参りをしてると言うと、観音様をまわったりすることによって御利益あるんですかって聞く人がいるけど、そんなことあるわけがないんです。

神様にお参りして、商売がうまくいくなら神主かお坊さんが商売やればいいんだよ、毎日お参りしているんだから。

本家本元が寄付もらわなければ生きていけないようなものが、なんで商売につながるのか。

こんなのは趣味なの。

俺の趣味で、ただ歩いている。

ただ歩いてるたって、目的がないより1番札所、2番札所って参って歩けば、楽しいじゃないの。

だから行くだけなの。

それで大きく言えば、観音参りっていうのは、健康じゃなきゃ行けない、いくらか旅費も持っていなきゃ行けない、安心して家あけられなければ行けないんだよ。

この三つが備わってなければ行けないんだから、これ以上の御利益はないの。

行けるだけで御利益なの。

だから行ってなんかお願い事してるのかって聞かれるけど、するときもあれば、しないときもあるの。

だけどそれが商売につながりますかって、つながりません。

そんなわけないでしょう。

我慢することと調和することの違いが日常生活の中でわからなくなります。教えてください。

我慢するということは、嫌々そこにいる。

調和するということは楽しくそこにいる。

で、この人は何を聞きたいんだか、全然私にはわからないんだけど。

――清水：少なくともみんなでこう仲良くしなくちゃいけないとかそういうことを聞いてるんだと思います。

そんな必要はまったくありません。

嫌なやろーとなんか仲良くすることなんてないんです。

嫌なやろーと仲良くすると人生が嫌になっちゃうんです。

嫌な奴は、嫌な奴だなーと思わなければいけない。

それで、隣にいてもいないように思わなければいけないのです。

嫌な奴は、嫌な奴だねーとか、性格悪いね、意地悪いねーとか、いつも暗くまとめているねーとか、今日も暗いねーとか言っちゃうんです。

そうすると相手にとって自分のほうがもっと嫌な奴になりますから、寄ってきませんから。

嫌な奴には、3倍ぐらい嫌な奴になってやればいいんです。

そうなると2度と来ませんから。

誰かがおまえは、嫌な奴なんだとわからせてあげなくちゃいけないんです。

それで、嫌な奴なのにこの人と一緒にいてあげようかなんていう半端な奴がいるから相手が気がつかないんです。

誰かが教えてやんなきゃ駄目なの。

愛ですよ、愛。

このままいくと一生嫌な奴のまま死んで、地獄へ行かなきゃならないんですよ。

早く教えてあげなくちゃ本当に嫌な性格ね！　と愛を込めて。

これでスッキリ。

お勧めの本を10冊教えてください。

私の本以外なら何でもいいいんじゃないですか。

まるかんの商売を始められた理由は？ また、何才に思いつかれたのですか？

これは、流れだからなー。

自分の体が悪かったからねー。

そういうことではじめて。

結局、人っていうのは、天命みたいのがあってね、逆らえないんですよ。

逆らっているようなつもりでもね、そういうふうに流れていっちゃうんだと思うんだよね。

タオですね。
だから前世から決めてきたんじゃないかなー。

心の師匠と思われる方は誰ですか？

私の場合は、いないんです。

お師匠さんがいないんです。

で、なぜかというと、私も個性が強すぎるし、お師匠さんのほうも嫌なんでしょ。

私も弟子にはなりたくないし、向こうも弟子にしたくないというお互いの気持ちががっちりあって、こういう一人でやっているんだと思うんですね。

私は、人間は誰でも好きなんです。

でも実際にここに来て多く質問されたことっていうのは、私には起きたことがないんですよ。

だから本当は、そばに嫌な人がいたらっていうけれど、嫌な人がいたことがないんですよ。

だからいたら俺言ってやろうとは思っているけど、お前、意地悪いなって言ってやろうと思っているんだけど、本当に出てきたことがないんですよ。

だから困ったことって起きてないんですよ。

事実上起きないんですよ。

だからこういう場合はっていろいろ質問されるけど、起きてないんだから答えようがない。

起きたらそうしようと思っているだけなんですよ。

だから起きてないから推定で話をするしかないんですよね。

だからツイてるんだと思うんですよ。

だから別にお師匠さんいなくても生きてこれたんですよ。

それに対して困ったことないんです。

で、自分の出来る範囲内のことしかやらないんですよ。

だからさっきも言ったようにインターネットの時代が来てもインターネットやりたくないからやらないんですよ。

で、そのうち本当にインターネットが必要な時代になってくると、誰かインターネットが出来る奴が出てくるんですよ、必ず出てくるんですよ、セットで。

あたしインターネット得意だけど斎藤さんのところ仕事がない？
とか、そういうものなんですよ。
だからそういう人間も出てきていないし、まだ必要もないんです。
必要なときは、一台インターネット余っているから持っていく？
とか新しいの入れちゃったからって、古いのくれたりする人がいるんですよ。
だから本当に困ったことって起きてないんですよ。
不思議な話で申し訳ないのですが。

結婚相手を選ぶときの心構えとポイントについてどう思われますか？

これは簡単なんですよ。

結婚相手というのは、一番相性の悪いのが一緒になりますから、最高に相性の悪いのが出てきたら結婚するぞと思っていればいいんですよ。

どだい結婚っていうのは修行ですから、いい修行が始まるなって思っていればいいいんです。

自分の嫌なことはなんでもしますよ。

プライド傷つけられたくない人は、プライド傷つけるような相手が出てきますしね。
もう手一杯嫌なことします。
いい修行になりますよ。
これは、修行なんだと思っていけば怖くもなんともないんですよ。
この人に幸せにしてもらおうとかとんでもないこと考えちゃ駄目なの。
この人に修行させてもらうんだ。
いい修行になるなーとか思っていればいいんですよ。
そうすれば、怖くも何ともないですよ。
なんか戦争に行くのに旅行に行くぐらいに思っているから、ふたがあくとえらい苦労しちゃうんだよね。
――吉田君、もうすぐ結婚するんですよ。（清水さんの親友）
いい修行が待っているよ。
結婚する前とした後では、女の人ってがらっと変わるんです。
もう、あれにサインすると同時に、うまく言えないけど羊が狼に変わるっていうかね。
だから女から見たらこっちが変わるっていうんですよ。
お互い知らないうちに変わるんですよ。
だからお互いにいい修行ですね。
だから私は修行のためには結婚したほうがいいと思いますよ。
永平寺に3年いるよりも結婚するほうが全然修行になりますよ。

もう、いかに永平寺が甘かったかということがわかりますよ。
ひどい目に遭わされますよ。
ま、お互いですけどね。(笑)

ご自分の過去世を見たいと思われますか？

そんなことは思ったことないですね。

これから先のこととか、後のこととか宇宙のこととか、わからないことを不思議というんですよ。

不思議というものは、思案しても議論してもいけないということなの。

思うことも議論してはいけないよということなんです。

それが「不思議」なんです。

過去のこと調べようが、先のことを調べようが、おれたちが生きているのは今なんです。

今しかないんです。

結局、退行催眠しようが何をしようが、昔のことを考えて何をするんです？　今をしっかり生きるしかないんです。

済んだことはどうにもならないんです。

だからよく苦労話をいっぱいする人がいますが、苦労話をする人というのは苦労が足らないのです。

本当に苦労しちゃうと言うのも嫌なのです、思い出すのも嫌なのです。

それをお酒を飲んでいつも言っているようでは、それは、大した苦労じゃないんです。

思い出したくないのが苦労なんです。

だからね、人間っていうのは、本当に苦労すると言いたくも思い出したくもなくなってしまう。

で、自分が本当に苦労が嫌になったとき、苦労という言葉じゃなくて、あのときはいい経験したなーになるんですよ。

過ぎたことはいい経験したなと思うしかないんです。

で、いい経験したなと思えば何でもいいんです。

済んだことはいい経験したなーって。

あれを活かして幸せになろうと。

結論的には、もうそれしかないんです。

だから、生きていれば失敗することは山ほどあるんです。

ちょっと違うかわからないんだけど、俺たちは、今を生きるしかないんです。

でも、ついつい先を見ちゃったり、済んだことを考えちゃったりするんですよ。

でも競馬はね、今のレースを当てるしかないんですよ。

先の世の中はこうなるんだ、3年先はこうなんだよとか言ったって3年先当てたってしょうがないんですよ。

3年先のことは、3年先に考えるの。

鹿がそこにいるのに、はるか先に撃ったって、鹿には当たらないのです。

今いる場所の今の獲物を取らなくちゃいけないんですよ。

それと、済んだことずーっと言っていたって、昔はあそこに鹿がいたんだとか言ったって、今はいないんだからしょうがないんだよ。今の一点にどうやって集中するかってことに尽きるんだよね。今私は本作るために、こうやってテープ取っているんだよ、一生懸命テープに取るしかないんだよ、巡り合わせでテープ取るようになっちゃってるんだよ。

で、本作るよって言われたから協力してるんだよ。

明日になればまた違った展開が出てくる、勝手に変わるから、そしたらそこにいる人に一生懸命、自分の出来るだけのことをするの。

あさってになったらまた違った展開が出てくるから、そこにいる人たちに自分の出来るだけのことを一生懸命するの。

それしかないの。

で、その人たちが明るくなるようなこと、その人たちが元気になるようなこと、それを一生懸命しゃべるしかないの。

斎藤さんの顔を見たら元気になったとか、斎藤さんの言っていること聞いたら元気が出たとか、そういう行動を取るしかないの。

それで頼まれたことで、出来ることは嫌がらずにやるの。

出来ないことが来たら見栄はらずに出来ないって言うしかない。

でも、今すぐコンピューターやれって言われたら、私には出来ない。

でも、出来そうもないことが来たら一生懸命やるしかしょうがない。

いろんな人からいろんな質問されても自分なりに精一杯答えるしかないし、よく講演会をやっているようなプロの人なんか私の10倍も100倍もいい答え出す人もいると思うんだけど、俺は商売人だから、この程度の答えしか出来るわけないんですよ。

おのずから、仕事、職種が違うんだよね。

それを私が講演会をする人と同じくらいに答えていたとしたら、おそらく私は商いを怠けてそれを研究しているとしか思えないんだよね。

だから、俺たちは一生懸命やっているのは商いだから、商いを通して見た人はこういう考え方してるとしか言いようがないんだよね。

で、読む人にとっては役に立つか立たないかもわからないんだよ。

だからくだらない意見だなと思う人もいると思うよ。

あ、こういうふうに考えていなければ、次々と問題が出てきたら解決できないよなーって思う人もいる。

今、日本中にうちの会社だけでも何千人もいるんだよ。

お店の数だけで何百ってあるんだよね。

問題が起きればどんどんどんどん、私のところに上がってくるんだよね、そうすると即断即決していかなければならないんですよ。

だからその問題で10日も悩んでいるとか、私はこの問題で半年悩んでいますとか言うと、ひまがあっていいなーと思っちゃうんだよ。

よくそんなことで悩んでいられるだけの環境を与えられているなーと思っちゃうんですよ。

こっちは、ぱっぱぱっぱ片付けていかないと、次の指示出さないと、もうみんな待っているんですよ。

だから、一人の人を、この人を説得してとか、この人を辞めさせるんでずいぶん悩んでいるんですよって、私なんか悩んでいられないんだよ。

ハイ、こっち、ハイ、やってとかって。

嫌なら辞める、いるならやる、どっちかにしてとかって。

それしかやってられないんだよ。

実際にはそうなの。

だからそういう人の言ったことなの。

この本は、変な人の書いた買ったら損な本とか書いとくから、損してもいいんだぐらいのつもりで読まなかったら、人の意見なんてそんなもんだよ。

職種違いなんだから。

ただ職種違いの人が何考えているかを知りたい人はいいんだよね。

だから出来るだけ、これは正直に答えたの。

本当のことを言うともうちょっと世間の人が納得するような答えを出そうと思えば出せるんだよ。

でもそれだとしたら他の人の本を読んだほうがいい。

他の人はもっとうまいから。

俺たちは、そんなこと悩まないんだって。

悩むひまさえないんですよ。

セッセセッセとやるしかないんですよ。

一人さんも嫌な気分がするときとかあるんでしょうか？　もしそういうときがあるとしたらどのように対処していけばよいのでしょうか？

まず、嫌な気分がするってことは、めったにないんです。
ほとんどないんです。
だけど、たまにはあるんです。
たとえば、私が誰かに仕事やりませんか？　って言ったとしますよね。

でやらない、やりませんとかいうのがありますよね。

そうするとすごく俺の会社が景気がよくなると昔やらせてくれるって言ったけどやらせてくださいって来る奴いるよね。

そうするとおめえなんかに絶対にやらせるかと思うんだよね。

みんながこうして苦労してやってきたのに、苦労するときは抜けてて、うまく行ったらやらせてくれってふざけるんじゃねえやと思うんだよ。

そうするとやらせないとすっきりするんだ。

これは、嫌な気分なのかどうかはわからないけれど、嫌な気分と同時に気分がすっきりしてしまうから、これは、嫌な気分かどうかはわからないんだよ。

だからそれを無理にいい人だとか思われようとか思うと嫌な気分になっちゃうんだよ。

だから嫌な奴がいると、嫌な野郎だな、冗談じゃねえよとかって思うとスッとしちゃうんだよ。

だから嫌な気分とスッとする気分がほとんど同じだから、どう言っていいんだか……。（笑）

物を売るということは、非常に難しいと思うのですが、考え方としてはどのようにすれば良いのでしょうか?

それは、簡単なんです。

俺はね、それは簡単ですって言うのが口癖なんですよ。

成功者は、簡単なんですよって聞いて、あ、それは簡単ですねって思う人は成功者なの。

失敗者っていうのは、どんなこと言っても、それは大変ですねって言うの。

それが難しいんですよねって言うの。

例えば人の幸せ願うんだよって言うと、それが難しいんですよねって。

なんでも難しいと言うのがくせなの。

で、なんでも難しいですねって言うやつはこれ、失敗者なの。

なぜ失敗者っていうかって言うと、結局何もやらないいんだよ。

宝くじも買わないいんだから絶対に当たらないのと同じで、絶対に成功しないタイプっていうのがいるんだよ。

それで、物を売るということはどういうことですかって言うと、物を売るってことは物を売るプロなんだよ。

たとえば、私が本を作った、で、この本をむちゃくちゃいっぱい日本中に売る方法はありませんかって言うとしますよね。

そうすると、まず、友達に買ってもらう、周りに買ってもらう。

これが大切なんです。

周りに売らなきゃ駄目なんだよ。

友達、親戚。

そんな親戚とか友達ってたいした数いないじゃないかって。

そうじゃないんだよ。

これは絶対にいい本だよって、友達にも薦められない本、人に売ろうとするなって。

周りには売らないで、遠くから売ろうなんていうのは、いんちき商品に決まっているんだ。

本当に良いものだったら周りから薦めたくなるんだよ。

プロなんだから、本当にこれ良いよって、いいところを一生懸命に言うの。

プロというのは、自信なさそうにこれ良いんだけどとかグジュグジュ言っていては、いけないのです。

商人は、相手の目を見て「これ見て、こういうふうにすばらしいんだよ」ってしっかり言うの。

こんな良い物だから絶対に買ってって。

で、買っていただいて、本当に良かったよって言われるものを作るのです。

お前の本、読んだけど良い本じゃないか。

すごく良かったよって言われるのを作るの。
周りから自信を持って買ってもらうの。
で、相手の目をしっかり見るの。
で、絶対これいいから買えって言うの。
プロっていうのは相手が買ってくれるのを待ってるんじゃないの。
買っていただくの。
これがプロなんだよ。
プロっていうのはなんでも大変なんだよ。
ボクサーになろうがレーサーになろうが、大変に決まっているの。
だからこの大変さからどうやって逃れようかとしちゃうから面白くないの。

どっぷり浸かって、そのことに集中して、これは、いいよって。
どういうふうに売ったらいいのか考えるの。
ここに缶コーヒーがあるんだけど、どうしたらこの缶コーヒーの
良さを伝えられるだろうか。
どうやってわかってもらえるか真剣に考えるの。
考えてやってみるといいよ。
何でも練習になるから。
いいデザインでしょう?　とか。
味、デザイン、形、これだけですよ何十年って続いているの。
一生懸命に言って説得して買っていただくんだよ。
だから、まず周りからやらなければいけない。

で、周りにも出来ないようなものを全国的に発売したいなんて笑わせちゃいけないよって。

まず周りから言うんだよ。周りから言って。

清水さんて人は普段あんなに薦めないのにあそこまで言うから買ってみようかなーって気持ちになるんですよ。

で、買ったら本当に良い物じゃないかってお客さんに言ってもらえるんだよ。

そこまでやれる？

この商品であんたやれるかい？　ってことを言いたいの。

いやー、これ友達に売ったら友達失ってしまうから。

ってそれじゃ辞めろよ。

まず自分がじっくり見て、これならいけるんだ。

そう思ったら周りから言って、買ってもらったら今度、友達紹介しろよって。

こんな良いものなんだから。

そういう自分のところから渦は、作るの。

渦巻きって自分のところから回して行くのよ。

自分のところは回らないで、周りからどうしたら回していけますかねって、そんなことは聞いたことがないの。

今度の質問のどこかに、斎藤さんのところの仕事をして辞める人とかいないんですかっていうのがあったんだけど、勤め人でも、どっかに勤めたら一生クビにならない会社ってありますかねって言ったって、そんなものはあるわけないの。

それは、うちの仕事をやりに来たって向かない人もいるんだよ。向こうから辞めていくのもいれば、あんた向かないからこっちから辞めなって言うのもいるんだよ。

それは、サラリーマンの社会でもなんでも同じなの。

プロとして一生懸命やらなくていい仕事ありますかねって聞いたって、そういうのは世界は広いんだから、海の水もどこかで甘いところもあるでしょう？　って言ったって、ないよ、どこでもしょっぱいんだよ。

それは決まってるの、しょっぱいに。

だけど、海の水でもね天然の塩には甘味がありますねぐらいの凝ったことを言ってほしんだよ、俺としては。
それが、仕事も打ち込めば、面白さが出ますねぐらいのと同じなんだよ。
仕事が辛くってって言うけれど、辛いに決まっているんだよ。
辛くてやりたくねえから金払ってるんだよ。
楽しくてしょうがないんだったら金もらいたいよ。
金もらうっていうのは、辛くて大変に決まってるの。
そんなのは当たり前なの。
そこに喜びを見出すの。
仕事楽しいよって俺が言うと、本当に遊んでいて楽しいんだと思っているんだよ。

バカなこと言ってんじゃねぇよ。

金もらうっていうのは大変なんだよ。

ところがどんなことでも一生懸命やれば楽しいんだよ。

で、なかなか金が儲からないから面白いんだよ。

マージャンでもなんでも一人でやっていれば何回だって上がれるんだよ。

相手がいてなかなか上がれないんだよ、そこを上がるから楽しいんだよ。

仕事は楽しい上に儲かるよっていうと、楽しいことは楽だと思っているんだよ。

楽しいとはなかなかうまくいかないということなんだよ。

だから知恵も使う頭も使う。

景気のいいときは儲かったのに、不況になっちゃったって、そこでどうしようかって考えるんだよ。

マージャンだってそうじゃないですか。

さっきは良い手が来たって次はひどい手が来ることもあるの。

そこを何とかしようと思ってやっているんだよ。

当てられないように色々やっているんだよ、みんな。

そうすると１０００点だって上がれるときもあるんです。

バンザイっていうのもあるんだよ。

仕事だってそれと同じなんだよ。

俺がそれを楽しい楽しいって言えば、なんか魔法みたいなことでも使って楽してるんじゃないんですかって思ってるんだよ。
俺のこと魔法使いかなんかだと思ってるの。
そんなことは出来ないんだよーって。

それがなんなのですか？

（これは一人さんの一人言です）

これから「それがなんなの」という話をします。

偉いお坊さんでも誰でもいいのですが、その人がここに来て正座をしているのかなーと思っていたら、ずーっと下を見ていたら空中に10センチ浮いていたとするんだよ。

そうすると普通の人は驚くよね。

ところが、日本漢方の人間はそういうことを言わないんだよ。

それがなんなんだって。

10センチずーっと浮いて座っていたら、それがなんの役に立つのか。

挙げ句の果てに、30年山にこもって修行しましたって言うけれど、なんでそんなものに修行するんだ。

尻が浮いていると何か良いことあるんですか？　空飛べるの。

空飛べるってことは、うちの荷物でも運んでくれるんですか？

クロネコヤマトより安いんですか？

役に立たないものを感心したりしてはいけないのです。

それから、紙に6とか7とか適当な数字を書いて、裏から当てるとか言って、ものすごい顔して何分間もにらめっこしてる奴がいるけど、さっさとめくれよ。

めくればすぐわかるだろって。

なにやってんだ、お前さっきから。

能率悪いんだよって。

それで競馬とか競輪とか当たる？　って聞くと、そんなのには使えませんって。

それじゃ、なんにも役に立たないの。

なんでそんなもの修行してるんだよ、役に立たないことやってんじゃねえ。

昔、どっかの聖者が、空から何人かにパンを出したっていうけど、それがそんなに偉いんだったら、山崎パンのパン工場は1日2万食ぐらい出しているんだよ。

それがなんなんですかって一回聞かなきゃ駄目なの。

最近聞いた話だけど、手から灰みたいなのが出る奴がいるっていうんだよ。

それがなんなんだって言うんだよ。

かまどなんか山ほど灰なんか出るんだよ。

手から灰が出たら汚いんだよ、俺に言わせると。

握手すると汚れるんだよ。

それがなんなんですかって？

それはそれで良いんだよ。

だからって、それに感心して何で寄付したり財産なんかを出さなきゃいけないのか、そんなのわからないんだよ。

それがなんなの？　なんか役に立つのって。

究極に修行すると水の中に何分間潜っていられるって、それがなんなんだよって。

魚じゃないいんだよ、俺たち。

なんか役に立つのって。

役にも立たないこと見せられて、びっくりしちゃいけないの。

手から灰が出るって、かまどなんか灰はいくらでも出てくる。

灰がなんかの役に立つんですかって。

手から現金が出てくるとか、ばらばらばらばら金が出てきて、それでね子供達を養っているんですって言えば、すごいねとか言うよ。

それがなんなんですか？　っていつもそういう気持ちでいなきゃ

いけないの。

それがなんなんですか？　なんの役に立つんですか？　って。

俺は、すごいとは思わないんだよ。

めくればわかるようなことをすごい顔してにらめっこしている奴を見ると、それがなんなんですかって。

当たったらなんなの？　それを私は聞きたいよ。

私は、精神世界大好きなの。

でも精神世界とごっちゃにしてはいけないのです。

俺たちは、肉体を持って生きているんだよ。

今やることはせっせとやるの。

精神っていうのは、心が幸せになるためにやるの。

オカルトみたいなことを見てきてすごいですねって、なにがすごいんだか。

それなんの役に立つのって。

さっぱりわからないよ。

そういうものに流されちゃいけないの。

やっぱり俺たちは、自然界の本当の神の恵みで同じ陽があたり、同じ雨しか降っていないのに唐辛子は赤くなるし、ピーマンは青くなるんだよ。

米はたわわに実るんだよ、同じお陽様で同じ雨だよ。

これが偉大なんだよ。

そういう無から有を生み出したものを集めて、パン工場でパンをせっせと作って、パン工場で働くお母ちゃんがお給料もらって、そのパンを食べて働いている土方のおじさんたちがいて、それで俺たちが成り立っているんだよ。

大自然のところから、何にもないところからお米が出てくるんだよ、ちょこっと種を蒔いたらこうやって出てくるんだよ。

こういうものに感心しないで、オカルトみたいなことにばっかり感心していて、それが精神世界だっていうのがいるんだよ。

だから精神世界がいつまでたっても良くならないんだよ。

なんでも祈れば治りますよって、違うよ。

カルシウムが足んない人とか栄養が足りない人とかいるんだよ。

拝んでも足りないものは足らないのです。

拝むのがいけないって言っているんじゃないんだよ。

足りないものは入れるしかないんだよ。

だから精神は精神、現実は現実。

そこらへんを見極めていかないと、私も精神世界は大好きなんだよ、だけど精神世界がいつまでもバカにされるのは、おかしなことに感心しすぎるんだよ。

そういえば、スプーンを曲げる奴いたじゃない。

ちゃんとしたスプーンを作るの大変なんだよ。

そんなことやって曲げるなって。

それがなんなんだよ、お前って。

ただ壊しただけじゃないか。

手で曲げたって同じだろうって。

役に立たないこと時間かけてやっているのをやめろって。

それがなんなんだよって。

それを言いたいの。

手でこすっただけで、ほら曲がったって。

曲がったからなんなんだって。

ということなの。

現実に役に立たないものを見せられたとき、それがなんなの？

と言える人が斎藤一人さんのお弟子さんなんだよ。

そういうのが大好きな人はそれに行けばいいんだけど、私は、いつでもそういう人に言うんだよ。

それがなんなんだって。

それよりすごいものいっぱいあるぞって。

なぜそっちに感心しないんだよって。

なぜ米作ってる人に感心しないんだよって。

そういう人たちが俺たちの食べる米作ってくれているんだよ。

かまどだってそうなんだよ、昔は俺たちの飯、ずーっとね、あのかまどでまかなっていたんだよ。

かまどには感心しないけど、手から灰が出ると感心したりするんだよ。

わざわざインドまで会いに行きました、って。

なんなんだよそれは、それがなんなんだよ。

俺たち自分の生活を支えてくれているものをしっかり見るんだよ。

しっかり見なきゃいけないんだよ。

しっかり見るから本当の精神世界なんだよ。

精神世界っていうのはオカルトを見ることじゃないんだよ。

目の前にあることがありがたいとか、目の前にあることがすばらしいとか、この人がすばらしいとかなのよ。

ここにいる人はみんなすばらしいんだよ。

みんな生活しているんだよ。

どんなに貧しくたって、たいがいの人は犯罪も犯さずにせっせと生きているんだよ。

そういう人がすばらしいんだよ。

前歩いているおじさんとかおばさんがすばらしいんだよ。

そのすばらしさがわからないで、はるかかなたにまで行って、何万人のうち一人に選ばれて会ったんですって喜んでいるの。

ま、いいけどねその人の金で行っているんだから。

ということです。

第八章

お金が入ってくる考え方

商人にしろサラリーマンにしろ、一生懸命にお金を貯めなきゃいけないいんだよ。

貯めた金、一生使わないで死んでいくかもしれないんだよ。

だけど金がないと、人生で嫌な奴に頭下げなきゃならないときがあるんだよ。

だから、入ってきたお金、みんな使っちゃってていいんじゃないんだよって、一生懸命貯めておくんだよって。

嫌な奴って、そう何人もいるわけじゃないんだけど、嫌な奴が出てきたとき、お前の言うことなんか聞かないよ、って言うと胸がスッキリするんだよ。

それが出来ないと、商人って嫌だなとか、サラリーマンって辛いなと思っちゃうんだよ。

その何人も出てこない奴に冗談じゃないよって言えるか頭を下げなきゃなんないかっていうのは、金を持っているか持っていないかで決まるんだよ。

だから大金集めろとか日本中の金集めろとか言わないんだよね。だけど、嫌な奴が出てきたり、取引先でもあんまり横暴な奴が出てきたとき、あ、申し訳ありませんけど、あなたとは、取引きしたくありません。

ってはっきり断るか、やんわり断るか、どうするかは知らないよ。でも、そいつの言うこと、そんな奴の機嫌取らなきゃならないと思っただけで人生、嫌になっちゃうんだよ。

それから、もう一つね、商人はお金を儲けなきゃいけないんだよ。

じゃないと商人って始めるのにすごい資本がかかるんだよ。

本屋さんでも八百屋さんでも資本がかかるんだよ。

資本がかかって、その上にサラリーマンより収入が少ないとかっていうから、子供が後を継がないんだよ。

だから町の商店がだんだんだんだんだん無くなってきてしまうんだよ。

親が一生懸命にやって資本までかけたのに、子供を大学に入れて、うちの跡は継がせたくないからなんていうことになっちゃうんだよ。

だから商人はサラリーマンより何倍も儲けなきゃいけないんだよ。

で、本当にいい仕事だねって言わないと駄目なんだよ。

大手が出てくると、もうかなわないんだって。

なんで、かなわないんだ。

俺たち何十年もやってきた商人じゃないかって。

サラリーマンの集まりだろう、大手なんていうのは。

サラリーマンが何人集まったってサラリーマンなんだよ。

俺たちは、プロの商人なんで、負けるわけがないんだよ。

大手が出てくるとかなわないって、そんなことはないよ。

大手っていうのはでかいところに土地を買ったり、ビルを構えたりして、給料も高いんだから、向こうは絶対に金が余分にかかっているんだよって。

体格を見れば、子供と相撲取りが喧嘩をすれば負けるよ。

だけど、お客さんっていうのは感じのいいところに行くんだよ。

一生懸命にやっているところに行くんだよ。

それから、大手だったら300円でしか売れないようなものでも、小さいところだったら、うちは家族でやっているから290円で売りますってことも出来るんだよ。

大手なんかに負けるわけがないんだよ。

どだい商人になりたくない奴がサラリーマンになったんだから。

商人になりたくてなった奴がなんでサラリーマンの集団に負けるんだよ。

負けちゃいけないんだよ。

俺たちは。

大手が出てきたら袋たたきにするぞぐらいの気持ちでいなくては

駄目なのです。

まず、気持ちが負けているのです。

大手にやれるほど楽な仕事じゃないよって。

出てきてみなって、出てくるのはいいけど、袋たたきにするぞーって。

そのくらいの気持ちがなければいけないの。

それを大手が出てきたって言ったら、もう負けたくらいの気持ちでいるの。

うちなんか、どっかスーパーかなんかやると聞くと、スーパーのそば探せよっ、駐車場を使えるからとか言うんです。

どうせ、お客さんが来たらうちへ来るんだからとか。

負ける気になんかなったことないの。

負けてみたいよと思っているの。

それが、俺たちプロのプライドなの。

だからまず、気持ちがね負けちゃ駄目なんだよね。

気持ちがまず勝たなければ駄目なの。

さっきちらっと言ったんだけど、この社員が会社にいるとどうも合わないんだけど、重要な仕事をしている。

だから辞めさせるわけにもいかないんですって。

なんなのそれ？　あんた気持ちが負けているの。

お前なんかいなくたって出来るんだよって。

お前に出来て、俺に出来ないわけがないじゃないか。

まず、気持ちが負けているの、だから相手になめられるの。

うちの会社を任せている10人の社長たちにいつも言うの、一人でやれって。

自分一人でやるんだって言った時についてきた人だけが本物なの。

それでね、出来が悪いのその社員は。

本当に出来が良い社員っていうのは、この人がいなかったら困るっていう仕事をしていても、社長社長って立てていてね、低姿勢なものなの。

俺がいなければこの会社駄目なんだなんてふんぞり返っている社員はろくな奴いないの。

出来が悪いんだよそいつ。

ほんとだよ、本当にいい奴ってね、そういう態度見せないよ。

うちの社員だってそうだよ、社長、旅行に行っていてくださいって、俺がいなくったってきちっとやっているんだよ。

みんなそうだよ。

本当に。

私がいなければここの会社は駄目だなんてそんな腐ったこと言う奴は一人もいないよね。

言ってみろよーだよ。

おめーもう一回言ってみな、俺が耳悪くて聞きそびれたのかもしれないから、もう一回言ってみなって。

そういう奴なんかうちの会社にいないよ。

一人もいないよ。

で、重要な仕事するのは当たり前なんだよ。

私がいなきゃ困っちゃうって当たり前なんだよ。

だから給料払っているんだよ。

どっかの自動車会社だかなんだか知らないけど、一万人リストラしましたって。

一万人リストラして、車が出来ているってことが不思議なんだよ。

半分辞めさせたらできる車が半分になったんじゃないよ。

半分辞めさせても車が同じだけ出来ているということは、最初っからそんなに人は要らなかったんじゃないかってこと。

最終的には、猛将の下に弱兵なし。

一番トップの人は、この人は凄すぎる！　ぐらいでちょうどいい。

それで、世間が求めているのは強い社長なの。

世間の荒波が来てもバーンと打ち破る社長なんだよ。

その人が会ったときに優しさがあったり、思いやりがあるのはいいけど、思いやりが先に立っちゃって優しいのが良い社長だと思っている人がいるけど、就職するっていうのは友達を選んでいるんじゃないよ。

経営者っていうのは、荒波をぶち破っていくぐらい強い人なんだよ。

社員の機嫌を取っているような人じゃないの。

ふざけるな、お前みたいの来なくたっていいよくらいの腹になっている人、その人を探しているんだ、社員も。
自分より強い人を探しているの。
弱くなっちゃいけないの。
この人について行けば、不況だろうがなんだろうが関係ないんだって。
だからうちの人たちは信じているのです。
うちの人たちは社長にさえついていればとか、みんな思っている。
だからみんな安心していられるんだよ。
安心させてやればいいんだよ。
仕事が嫌な奴は、来るなよ、明日から。
来た以上絶対ニコニコしてろよって。

うちはブスーッとしてるだけでクビなんです。
私は何にもしていないのにクビになったと言っても、しているんですよ、ブスッと。
ブスッとしているだけで、周り近所は気分が悪くなるんです。
会社へ来たらニコニコとしているものなんです。
ここで飯食ってもいいけど、ここでクソをしちゃいけないんだよ。
クソするんだったら便所に行け。
それと同じようにお前の顔はクソと同じだから便所から出てくるなよって。
常日頃から言っていなきゃ駄目なの。
それってね大切なの。

うちの会社はこういう会社だって常日頃から言っていれば、みんなもそうだと思うのです。

それってね大切なの。

そのお陰でうちの会社ではブスッとしててクビになった奴は１人もいないんだよ。

ブスッとする前に言う、これが大切なんだ。

保険だって死んでから入れないいんだよ。

よくね、トイレの掃除、社長の私がやっているって自慢気に言うのがいるけど、トイレ掃除は掃除婦の仕事なんだよ、便所の掃除なんかしないの、社長が。

もちろん一人でやっているような小さな会社はトイレ掃除だって

窓ふきだって、いつもピカピカにしてなきゃいけないんだよ。

大勢使っている会社では社長は社長の仕事をやればいいの。

便所汚いぞとか言えばいいんだよ。

うちのおトイレとかはいつもきれいになっているんですよ、「きれいにしろ」なんて言ったことがないの。

よく社長の私がトイレはいつもきれいにしているんですって言うのがいるけど、くだらないことやっているんじゃないよ。

さっさと仕事しろよって。

社長業っていうのがあるの。

会社をしっかり発展させて、社員に飯食ったらご馳走さまって言うんだぞとか、そういう大切な仕事があるの。

働かない奴は来るな、来なくていいよとか。

おまえな、会社にいくら役に立っているって言ったって、そういう偉そうな態度取っていたら、みっともないからやめろって。

下の者の教育によくないから。

偉くなればなるほど謙虚になるんだよって。

それが出来ないんだったら、うちの会社には来るなよって。

下の者に示しがつかないから。

お前みたいなのは、やくざにだってなれない。

そうやって言うの。

常日頃そうやって言っているのが仕事なの。

そうすると、そういう社長が好きですって言う奴が残るんだよな。

不思議なものでね（笑）。

それがいいって人もいるんだよ。

数は少ないけどね。（またまた笑）。

前にね、よその会社の社員で、うちの会社は社長がめったに来ないっていったら、めったに来ないならいいですねって言うんだよね。

社長が来ないからサボっていられると思っているんだよ。

でも、うちの人たちってバンバン働いているんですよ。

で、俺が来たときだけ働くと思っているの。

でも、うちの人って違うんだよね、俺が来ると社長の話を聞こうって仕事を止めて話を聞いているんだよ。

本当に。

だからよそと全然反対なんだよ。それで、社長何かお話をしてくださいよって言うから、話をするんです。だから俺が来ている間、仕事にならないの。仕事しないの。

そのかわり、いないときは機械より速いですねってくらい働くんだよ。

働き者を選んでいるの。

おそらく、怠け者だったら3日で逃げるね、この会社は（笑）。うちの人ってみんな社長が好きだって言うんですが、先日そういうことを言ったら、社長が好きなんて、考えられませんねって。で、あんまり社長のことを誉めるとなんか宗教団体ですかって。

付き合いきれないよね。

俺たちは、社長の悪口を言っている奴のほうが信じられないんだよね。

大体ね、嫌いな奴からまんじゅう1個でももらうなっていうのがうちの会社の方針なの。

うちの会社は社長の悪口を言ったらクビだよってことになっているんだよ。

別に俺の悪口なんか、寝ないで言っていたっていいんだよ、俺は寝るから。

俺の悪口を飯を食わずに言っていてもいいんだよ、俺は飯食うから。

ただ問題は嫌いな奴からまんじゅう1個でももらうなよ。

心が汚れるんだよって。

嫌いな奴からまんじゅうもらったら捨ててしまうんだよ。

それと同じように嫌いな人間から給料もらったりするのやめろって。

お酒を飲んで、悪口を言っているくらいなら辞めて、もっと惚れ惚れする社長がいる会社に勤めればいいんだよ。

まるかんの10人の社長のところどこへ行っても、自分の社長の悪口言っているような人はいないんだよ。

うちの会社の人はみんな社長のことが大好きなんだよ。

うちの会社が、畑や田んぼだとすると、俺のところは米を作っているんだよ。

雑草って草は、ないんだよ。

みんな名前が付いているの。

だから雑草があってはいけないんじゃない。

田んぼに生えてたり、畑に生えていてはいけないの。

ここは仕事をする場所なんだから、せっせと仕事をする奴しかいちゃいけないの。

仕事するのが当たり前なの。

で、会社でこの人がいなかったら困るような仕事をしているのは当たり前なの。

そんなことは当たり前なの。

そんなことは自慢でも偉くもなんともないの。

俺は、社長だから社長業を一生懸命にやるの。

社員は社員の仕事をしているの。

部長は部長の仕事をしているの。

みんな一生懸命やっているんだよ。

だからって俺がいなければ困るだろうっていう偉そうな態度をとるやつはうちにはいないんだよ。

もしここで誰かが、うちの10人の社長たちに、私がいなければ日本漢方は困るのよって言ったとしたら、お前が困るか、俺が困るか、ちょっとやってみようって。

いなくなってみな、お前が困るかこっちが困るか、一回見てみたいから。
うちの人たち強いよね、だからいつもスカッとして生きていられるんだよ。
自分が弱くなっちゃうと悩み事って多いんだよ。
でね、堂々と言ったほうがいいよ。
アルバイトにお前とっとと働けよ、働きに来ているんだから。
こいつがいなくなったら困っちゃうじゃないの。
こいつがいなかったら俺1人でやるからいいよって。
女房と2人でやるからいいよって。
そういうことを言えないと駄目なの。
人使いが荒いんじゃない、働きに来ているんだから働くの当たり前なの。

金までもらっていて、サボろうなんていうのは、とんでもない。

世間からも、神様からも許されませんよ。

で、いつでも言ってやろうと思っていると別に腹も立たない。

そういう奴も出てこない。

不思議なんだよね。

こっちの腹が決まってしまうと出てこないんです。

一回出てこないかなーと思っているんだけど、むちゃくちゃ言ってやろうかと思っているんだけど。

だから最終的に心の備えがあれば、憂いがないだね。

ということ。

だからまず、心がそのイヤな奴に勝たなければダメなんだよ。

それで、そのイヤな奴がいなくて困るぐらいだったら、会社を辞めてしまえばいい。

辞めたって食っていけるんだから。

本当に困りはしないのです。

本当になんか困るのですか？　で、どっちが困るんだろうって考えると、やめたら向こうのほうが困るのです。

次に使われるっていったってろくなところないんだよ。

そんな性格の悪い奴誰だって使わないのですから。

私がいなきゃ困る。

会社が困るぐらいの立派な仕事をしている奴がなぜ威張ったり

みっともないそういう態度を取るんだ。

恥を知れ、恥を。

よく、俺が本を読ませると、この本の感想は、どうのこうのと書いてくる。

本の感想を書くんじゃないの、本の感想を書くのは学生の仕事なの。

このような良い本を読ませていただいて有難うございますというような、社長が喜ぶようなことを書くんだよ。

それが大人なの。

社長の機嫌を取れない奴が、お客様の機嫌を取れるはずがないんだ。

商いとはお客様にえこひいきしてもらうことなんだよ。

例えば俺にえこひいきしてもらっているんだよ、清水さんは。

本屋いっぱいあるんだよ。

近くにだってあるんだよ。

それがわざわざあそこまで行って、買おうって気になるんだよ。

商人っていうのは、えこひいきしてもらえるような性格になるんだよ。

えこひいきしちゃいけないなんて学校だけだよ。

商人っていうのは、えこひいきをお客さんにしてもらって、30 0メートル離れていようが、500メートル離れていようが、わざわざ来たくなっちゃうくらい可愛がってもらえるような性格になるんだよ。

斎藤さんいつも顔色いいですねとかお世辞の一つも言ったりするんだよ。

これが商人なの。

それが、社長の機嫌も取れないで、社長からあの人は一生懸命仕事しているけどなんか相性が悪くってって言われるような社員じゃどうしようもないんだよ。

社長一人の機嫌も取れない奴が、大人の世界で生きていけねえんだよ。

だからみっともなくて、表にも出せないんだよ、そういう奴は。

出来が悪いんだってはっきり言ってやらなければわからないの。

その程度の仕事ぶりで出来が良いと思っているんだよ、当人は。

商人はつねにえこひいきをしていただく。

それから、こだわってこだわって、こだわるんだよ。

ここがお店だとしたら、どういうふうにしたらお客さんが来るんだろう、どうしたらいいんだろう。

ずーっと考えるの。

なおかつ、お客さんは店の中からは湧いて出てこないのです。

だから、ヒマなときは表に出て、ずーっと自分の店をじっと見て、どうしたら入りやすいかずーっと考えるんだよ。

執着して、執着して、執着するんだよ。

熱入れて、熱入れて、熱入れるんだよ。

考えて、考えて、考え抜くのよ。

そうしたらお客さんが一人でも入って来るんだよ。

貼紙の字は、どうやって書いたらいいんだろう？　なんの言葉を書いたらいいんだろう？　そば屋だったら味はどうしたらいいんだろう？　笑顔はどうしたらいいんだろう？　返事はどういう「はーい！」がいいのか研究するんだよ。

同じ、「はーい」でも、「いらっしゃいませ」でも「ソ」の音がいいのか、「レ」の音がいいのか研究するんだよ。

研究して研究して研究するの。

どうせ、「いらっしゃいませ！」とか「何にいたしますか？」くらいのことしかしゃべらないんだから、この言葉ぐらい見事にしゃべらなければ駄目なんだよ。
台詞がそれしかないんだから。
それと商人は笑顔しかないんだよ。
怒った顔もなければ、泣いた顔もない。
役者なんて色んな役やらなければならないんだよ。
商人はワンパターンでいいのに、なぜ出来ないんだよって。
お前、役者だと思ってみろよって。
役者ならどんな役だってやるんだよって。
商人は、笑顔しかねえんだよ。
葬儀屋じゃないんだから、毎日ニコニコしていればいいんだよ。
こんな楽な仕事はないのです。

それがなぜ出来ないんだよ、お前は。
出来が悪すぎるんだよって。
それで、笑顔のつもりかよって。
鏡見て研究しなよって。
もっと笑って見えなければ駄目なんだよ。
お客さんが来たとき、嬉しそうな返事じゃなきゃ駄目なんだよ。
お前の「ハイ」は「ハイ」になってないんだよ。
追究して追究して追究するから楽しいんだよ。
なんでもそうなんだよ。
執着して執着して執着して、えこひいきしてもらえるような人間になるの。

つい、あいつ使っちゃうんだよとか、ついあそこを使っちゃうんだよってなるの。

えこひいきされる人間になるんだよ。

最後までお読みいただきありがとうございます。
この本は七回お読みください。
七回読むと、見えないはずのものが見えてきます。
六回ではダメですよ。
七回以上ですよ。

生きる証しが
試練なら
どんな激しい風雨にも
私は決して後を見ない
嵐の後の青空を
見るまで

ひとり

●インタビュアー 清水克衛【読書のすすめ店長】からのメッセージ●

斎藤一人さんは本当におもしろい方です。

普段はいつもふざけた話しかしないのですが、たまに私一人のために色んなことを話してくれます。

私が知っている「ひとりさん語録」をちょっとですがご紹介します。

“豊かな波動が豊かさを呼ぶ”
“散歩のついでに富士山に登ったやつはいない”
“今、楽しい人が成功者”
“重続は力なり”

まだまだたくさんありますが、今思いついたことを書いてみました。

特に“重続は力なり”ですが、「継続は力なり」という言葉はよく聞きますが、ひとりさんの場合はこれになります。

ずっーと継続していても人は成長しない場合がある。

「重続」とは失敗や成功などすべての経験を重ねて重ねて、それをふんづけてらせん状に上へ上へと昇っていく。直線のイメージからせんのイメージが大切。

この言葉は私にとってとても勉強になりました。


ひとりさんにたくさんの色々なことを教えていただきながら私もらせん状に上へ上へと昇っていっています。こんな私といっしょに昇っていきたい変な方？　がもしいらしたら、ぜひ読書のすすめにお越しください。

「読書のすすめ」
e-mail　iu7k-smz@asahi-net.or.jp
〒133-0061 東京都江戸川区篠崎町1-236-1
tel　03-5666-0969　fax　03-5666-0968
http://www.dokusume.com/

◆著者紹介◆

斎藤一人（さいとう　ひとり）

銀座日本漢方研究所　創設者。
過去の全国高額納税者番付順位は以下の通り。
平成五年分——第四位　平成六年分——第五位
平成七年分——第三位　平成八年分——第三位
平成九年分——第一位　平成十年分——第三位
平成十一年分——第五位　平成十二年分——第五位
平成十三年分——第六位　平成十四年分——第二位

変な人の書いた買ったら損する本

2002年2月5日　初版発行
2003年9月6日　4刷発行

著　者　斎藤　一人
発行者　仁部　亨
発行所　総合法令出版株式会社
〒107-0052　東京都港区赤坂1-9-15　日本自転車会館
2号館7階
電話　03-3584-9821
振替　00140-0-69059
印刷・製本　祥文社印刷株式会社

ISBN4-89346-737-9
総合法令出版ホームページ　http://www.horei.com